Cancelas do tempo:

poemas

Editora Appris Ltda.
1.ª Edição - Copyright© 2024 do autor
Direitos de Edição Reservados à Editora Appris Ltda.

Nenhuma parte desta obra poderá ser utilizada indevidamente, sem estar de acordo com a Lei nº 9.610/98. Se incorreções forem encontradas, serão de exclusiva responsabilidade de seus organizadores. Foi realizado o Depósito Legal na Fundação Biblioteca Nacional, de acordo com as Leis nos 10.994, de 14/12/2004, e 12.192, de 14/01/2010.

Catalogação na Fonte
Elaborado por: Josefina A. S. Guedes
Bibliotecária CRB 9/870

M488c 2024	Medeiros, Walter Cancelas do tempo: poemas / Walter Medeiros. 1. ed. – Curitiba: Appris, 2024. 106 p. ; 21 cm. ISBN 978-65-250-5794-1 1. Poesia brasileira. I. Título. CDD – B869.1

Editora e Livraria Appris Ltda.
Av. Manoel Ribas, 2265 – Mercês
Curitiba/PR – CEP: 80810-002
Tel. (41) 3156 - 4731
www.editoraappris.com.br

Printed in Brazil
Impresso no Brasil

Walter Medeiros

Cancelas do tempo:
poemas

Appris editora

FICHA TÉCNICA

EDITORIAL	Augusto Coelho
	Sara C. de Andrade Coelho
COMITÊ EDITORIAL	Ana El Achkar (UNIVERSO/RJ)
	Andréa Barbosa Gouveia (UFPR)
	Conrado Moreira Mendes (PUC-MG)
	Eliete Correia dos Santos (UEPB)
	Fabiano Santos (UERJ/IESP)
	Francinete Fernandes de Sousa (UEPB)
	Francisco Carlos Duarte (PUCPR)
	Francisco de Assis (Fiam-Faam, SP, Brasil)
	Jacques de Lima Ferreira (UP)
	Juliana Reichert Assunção Tonelli (UEL)
	Maria Aparecida Barbosa (USP)
	Maria Helena Zamora (PUC-Rio)
	Maria Margarida de Andrade (Umack)
	Marilda Aparecida Behrens (PUCPR)
	Marli Caetano
	Roque Ismael da Costa Güllich (UFFS)
	Toni Reis (UFPR)
	Valdomiro de Oliveira (UFPR)
	Valério Brusamolin (IFPR)
SUPERVISOR DA PRODUÇÃO	Renata Cristina Lopes Miccelli
PRODUÇÃO EDITORIAL	Sabrina Costa
REVISÃO	Cibele Bastos
DIAGRAMAÇÃO	Renata Cristina Lopes Miccelli
CAPA	João Vitor Oliveira dos Anjos
REVISÃO DE PROVA	Raquel Fuchs de Carvalho

Prefácio

Neste livro, Walter Medeiros nos brinda e coloca no papel toda a sua sensibilidade, demonstrando o que tem por dentro de uma forma poética, pintando um quadro que retrata caminhos que percorreu e momentos que viveu, de forma a nos levar, com ansiedade, ao próximo verso, tal a leveza e sutileza com que escreve.

Ao AMANHECER, com o CORAÇÃO pulsando bem, ele segue para o AEROPORTO, onde faz uma PINTURA do planeta PLUTÃO, imaginando um jardim interplanetário e escolhe uma FLOR para destacar O AMOR LIVRE praticado em UMA NOITE por uma linda figura NUA, denominada A JOVEM DO BAILE que, de forma ANÔNIMA, destaca o BEIJO, inebriando a todos e, certamente, plantando SEMENTES em muitas mentes.

SEM BACKUP, pois não teve tempo, ele admira os CÉUS, agora na estação FERROVIÁRIA, prosseguindo a viagem e lembrando de muitos LUGARES onde chegou usando o STRASSENBAHN, na Alemanha, passando por LISBOA e pela MADRUGADA DE BAGDÁ, onde, pela manhã, MINHAS GAIVOTAS faziam revoadas e muitas pessoas davam SALTOS IMENSOS na tentativa de alcançar aquela única ave com uma ROSA BRANCA ao bico.

Depois de uma paradinha, disse o poeta:

_ Vou tomar o MEU CAFÉ _ aproveitando para fazer uma pequena consideração sobre os APESARES da vida, colocando tudo no CAÇUÁ DO TEMPO com muita propriedade. Em seguida, de forma ESPETACULAR, juntou os PEDAÇOS DA NATUREZA, quando embarcou em um sonho de cada etapa de sua vida e disse, depois, para um amigo:

_ No MEU CIRCO, lembro daqueles TEMPOS de criança que, de maneira ESTÁTICA, ficava entusiasmado com o palhaço.

E a viagem segue deixando as PEGADAS para trás... o nosso poeta vai até o BELO MONTE, onde faz uma meditação e estuda a BIOLOGIA DO CORAÇÃO. A partir daí nasceram O CANTO, ERAS E QUIMERAS, tudo ARDENTE e com AMOR, em UMA BELA MANHÃ DE DOMINGO. Depois, seguiu até Brasília, onde, na AVENIDA W3, encontrou um nordestino chupando um dulcíssimo CAJU VERMELHO, indiferente aos acontecimentos registrados no planalto. COISAS ASSIM deixaram o velho "Boçal" com DÓ e piedade, ENFIM, ele é um poeta.

FAZ ANOS que não falava sobre os FEITOS que o satisfaziam internamente e lhe davam uma FELICIDADE IMENSA, apesar da FRIEZA do inverno, que mesmo assim não congelava sua verve para a poesia. Fez HITS, com seus dons ILUMINADOS, das belas festas de 60 anos, com melodias aquecendo corações. Recorda, com saudade, as viagens que realizou pelos velho e novo continentes, agora retratadas nos IMÃS DA GELADEIRA, sem esquecer da querida Natal. Em seguida, passeia pelos grotões do Seridó, onde lembra a vida simples e bem vivida de JOSÉ E MARIA, com uma LEVEZA que encanta, além de descrever a viagem no trem de SAPÉ e fazer uma pausa para pensar sobre o BEM MAIOR da humanidade, a liberdade que ele tanto defende, como jornalista, cidadão e poeta.

Natal é um MARCO para Walter que, retrocedendo dezenas de anos, relata na poesia os tempos dos "buiques", do carnaval e dos trilhos que o levavam no trem a um passeio sentimental, quando aproveitava para lembrar a MÚSICA da sua juventude, cujo som era produzido por uma agulha de metal que singrava o acetato de 78 rotações, rodando na velha radiola da sala da frente. É a NOSTALGIA aflorando e trazendo para os tempos atuais as coisas de um passado inesquecível! Caso Walter fosse um parlamentar, com certeza iria redigir e assinar a PORTARIA DA FELICIDADE e promover o REENCONTRO das REMINISCÊNCIAS com o presente, alicerçando um futuro de paz e harmonia.

O poeta gosta do mar REVOLTO e de apreciar, da janela, suas ondas SENOIDAIS, ouvindo o Trio Irakitan cantando aquela canção que chamam de "Santa". Eclético, nosso amigo "Boçal" também SEGURA O

FOLE! e desenha a felicidade das comadres e dos compadres na época do São João, estabelecendo a DEMOCRACIA dos gostos musicais. Usando, com saudosismo, o sistema TIPOGRÁFICO, o mestre das letras vai PARTIR AGORA, na despedida de aposentado, editando cada parte de um belo FEIXE SENTIMENTAL, onde encontrou VERSINHOS QUASE ESTRESSADOS, com a ajuda de uma brisa leve, balançando alto tão belas rosas e ele, com VONTADE, vai firme sobre POESIAS E POEMAS, até ONDE TERMINA O UNIVERSO, desta miscelânea poética, com coração transbordando de satisfação e ultrapassando as *CANCELAS DO TEMPO.*

Flaminio Oliveira
Jornalista
UFRN

Apresentação

Cancelas do tempo: poemas é uma fascinante projeção de cenas, momentos, imagens e vivências de um brasileiro que nasceu em Natal, morou no alto sertão de Alagoas e escapou de muitas dificuldades. Ao longo da vida, viveu, escreveu e transformou muitos momentos em versos, os quais, agora, resolveu apresentar ao grande público.

O autor fala sobre as coisas mais singelas desde o pé da Serra da Onça até a Torre Eiffel, passando por uma noite de fados em Lisboa, a Floresta Negra e o encontro do rio com o mar em sua cidade (Natal/RN). Com simplicidade e naturalidade, seus versos mostram fatos e atos humanos de amor, paixão, contemplação e sonhos, de uma forma própria e muito envolvente.

Muitos desses poemas demonstram a sua vontade de captar e reportar aos leitores aspectos surpreendentes, belos e únicos, resultantes das surpresas que a vida lhe proporciona. Em 2008, 35 anos depois de ter concluído o serviço militar obrigatório no ano de 1973, o autor voltou ao quartel em busca de um documento para comprovação de tempo de serviço para apresentar em seu processo de aposentadoria.

Os poemas de *Cancelas do tempo* têm momentos vibrantes, curiosos, sensuais, recordações, esquecimentos, distrações, desejos, alegrias, felicidade e tristeza, num misto de sensibilidade e otimismo. Em suma, mostram algo que caracteriza o reconhecimento, em cada linha, do imenso valor que dá à vida.

Canceriano, Walter Medeiros vive, décadas depois, em busca das flores da serra da infância, das músicas que marcaram cada dia, dos circos que marcaram muitas noites, dos dias da juventude e da maturidade. Embora tenha outras atividades, como jornalista, irmão, esposo, pai e avô, ele consegue, na sua poesia, compor um mundo próprio que vale a pena conhecer.

SUMÁRIO

Amanhecer 14

Coração 15

Aeroporto 16

Pintura 18

Plutão 20

FLOR 22

Amor livre 23

Uma noite 24

NUA 25

A jovem do baile 26

Anônima 27

Beijo 29

SEMENTES 31

Sem *backup* 32

Céus 33

Ferroviária 34

Lugares 35

STRASSENBAHN 36

LISBOA 37

Madrugada em Bagdá 38

Minhas gaivotas 39

Saltos imensos 40

Rosa branca 41

MEU CAFÉ 43

Apesares 45

Caçuá do tempo 46

Espetacular 48

Pedaços da natureza 50

Meu circo 52

Tempos 54

Estática 55

Pegadas 57

BELO MONTE 58

Biologia do coração 59

O canto 60

Eras e quimeras 61

Ardente 62

Amor 63

Bela manhã de domingo 64

Alvoroço 66

AV W3 68

Caju vermelho 70

Coisas assim 71

Dó 72

Enfim 73

Faz anos 74

Feitos 75

Felicidade imensa 76

Frieza 77

Hits 78

Iluminados 79

Ímãs da geladeira 80

JOSÉ E MARIA 81

Leveza 82

Bem maior 83

Marco 84

Música 86

Nostalgia 87

Portaria da felicidade 88

Reencontro 90

Reminiscências 92

Revolto 93

Senoidais 94

Segura o fole! 95

Democracia 96

Tipográfico 97

Partir agora 98

FEIXE SENTIMENTAL 100

Versinhos quase estressados 102

Vontade 103

Poesia e poemas 104

Onde termina o Universo 105

Amanhecer

Guardei os raios de cada amanhecer,
Mesmo aqueles das manhãs mais nubladas,
Aqueles das manhãs mais chuvosas,
E os que não aplacaram o meu frio.

Eles pareciam comigo, a cada dia.
Nuns dias brilhavam feito centelhas.
N'outros apenas anunciavam o dia.
Uns eram mesmo parceiros da escuridão.

Lembro dos que realçavam minhas flores,
Dos que me traziam imenso calor,
Os que até aumentavam minhas dores,
Mas todos guardei com o maior amor.

Oh! Raios da manhã de minha infância...
Raios da vida aventureira e destemida,
Raios que agora aplacam minha ânsia,
Raios tantos, que guardo pela vida.

CORAÇÃO

Nem bem o dia amanhece,
Nem bem a brisa da praia viaja pela longa avenida,
Nem bem o povo chega ao trabalho
_ Apesar do estresse começar a rodar pela cidade,
Eis que passa um coração.

Ele vai pulando e levado pelo vento ensolarado da manhã,
Vermelho e tão liso, brilhando como uma maçã.
E todos olham, sem saber de onde veio,
Aquela cena diferente, meio estranha,
Surpreendendo quem está parado no sinal.

De quem seria aquele coração tão grande?
De onde terá vindo, quem será que o soltou?
Um relance que dura enquanto o sinal abre.
Todos seguem e o coração continua pela rua.
Despreocupado, livre, balão desprendido de alguma festa.

Aeroporto

Quantas emoções vividas,
Quantas histórias sentidas,
Quantas tristes despedidas,
Quantas horas a se ver.

Quantos sonhos na chegada,
Quantos sonhos na partida,
Quantas histórias de vida,
Quantas pessoas em ti.

Na primeira despedida,
Guardava cada instante
Daquela viagem elegante,
E uma hora tão sofrida.

Quanta tristeza senti
No embarque do meu irmão,
Quando morava tão longe;
Não há maior solidão.

N'outro dia, quantas cenas,
Daquelas de Casablanca,
Paixões e entregas francas,
Restando uma verbena.

Que vida... povo absorto,
Momentos que em ti passam,
Tantos destinos se traçam,
No chão do aeroporto.

Pintura

Quero pintar um quadro colorido,
Que represente toda minha vida:
A infância e as idades seguidas,
Pra alguém olhar e ficar comovido.

Vou pintar borboletas amarelas,
Pedras e serras que eu percorri,
Flores e rosas cujo cheiro senti,
Tudo diante de minha janela.

No canto haverá uma igreja,
Com luzes e imagens reluzentes,
Os amigos juntos em sua frente,
Orando pela paz que se almeja.

N'outro canto estarão os meus sonhos,
Representados por um passarinho,
Que mostrará todo o meu carinho,
Naquele lugar onde eu os ponho.

Acima, colocarei minhas certezas,
Interligando-se com todas as imagens;
As dúvidas serão no meio uma amostragem,
Que darão ao quadro uma maior beleza.

Quero que seja uma pintura alegre,
E que deixe a todos as boas lembranças;
Que alimente novas esperanças,
Por belos dias na vida que segue.

Walter Medeiros

PLUTÃO

O sentimento do mundo
Numa única emoção,
Hoje está em Plutão,
Em seu desgosto profundo.

Não, não, eu não sou lunático,
Hoje sou um ser plutônico,
E estou muito atônito,
Com tamanho choque fático.

Roubaram a paz da Lua,
Festejaram o Corrouteck,
Puseram o Harley em xeque,
No ar cada um flutua.

Já tem Pinterfinder em Marte
Com um samba de Aragão
Universo de ilusão
Por que não te revoltaste?

Ato tão autoritário
De homens sem coração
Agora cassam Plutão
No fim do nosso cenário.

Setenta e seis anos olhando,
Agora que descobriram
Astro que tantos já viram:
Seu corpo não é redondo.

Pois agora tem só um
No meu sistema solar:
Só Plutão vai povoar
A minha lente sem *zoom*.

A terra vai esperar
Que um dia de Plutão
Se olhe seu cinturão
Contornado pelo mar.

Quero ir para Plutão,
Defender o seu *status*
Não me renderei aos fatos
De tamanha aberração.

Como vão me convencer
Que só tem oito planetas
Se vejo em qualquer luneta
Que Plutão está a crescer?

FLOR

Flor singela que deslumbra a vida;
Esplendor irradiado das manhãs.
Tece, qual relâmpago, um tom bucólico,
Aos olhos surpresos do cupido.

Leva subitamente nas asas de um sonho
Olhos e corações fisgados,
Por campos de orvalho orgásmigos,
Um verdadeiro paraíso.

Flor cuidada pacientemente
Em dias tranquilos de juventude;
Aroma gostoso que se dá
Em troca do prazer.

Sente o afago aquecido
Que deseja manter toda vida,
Para viver eternamente um
Entrelaçado de corpos escondidos.

AMOR LIVRE

O amor livre
Que não fizeram
Ficou na lembrança
De uma tarde.

O amor livre
Ficou no tempo,
Pelas andanças
Que inda guarda.

O amor livre
Não os pegou
Nem houve ânsias,
Nenhum pecado.

O amor livre
Não os juntou;
Resta, à distância,
Belo passado.

Uma noite

Havia barulho do mar,
Atravessando a vidraça,
Havia um par de taças,
E um desejo de amar.

Havia olhares felizes,
Pela penumbra da noite,
E muitos gestos afoitos,
Alguns até sem matrizes.

Era o primeiro encontro
De um amor alimentado
Desde os dias da infância.

O desejo era tanto
Que findaram entregados
Na alcova, sem distâncias.

NUA

Nua te alisas,
Correm essências
Na água morna.

Nua te sentes
Esqueces tudo
Pensando o mundo.

Nua sozinha,
Brilham os olhos,
Sem perceberes.

Nua vagas
Entre paredes,
Molhada.

Nua tu vais
Para o espelho,
Teu retrato.

Nua deixas a sala,
E me empolgas
Toda vestida.

A JOVEM DO BAILE

Uma noite, num baile, desolado,
Eu bebia olhando outros dançar
Casais felizes a se abraçar
E eu sozinho pensando, calado.

Súbito, sinto uma jovem chegando.
Puxa-me para o *dancing* a me olhar,
Dá-me os braços e saímos a rodar,
Dançando, madrugada adentrando.

Do jeito que me puxou, me deixou,
Sumiu na multidão depois da dança,
E eu fiquei parado, interrogando:

Onde andará aquela que chegou,
Pôs-me um relance de bonança,
E saiu feito um anjo, me deixando?...

ANÔNIMA

Levaram uma lembrança de mim.
Disseram que isso é a vida;
Que é só isso a vida.

Lembrança de uma corrida de pensamento
Em busca de alguma coisa
    De uma corrida de olhos
Em busca de algum corpo
    Corrida de mãos
Em busca de um afago.

Levaram uma lembrança de mim
Para os lugares mais fáceis de se encontrar:
                  A rua,
                  O ônibus,
                  A praça,
                  A vida,

Levaram uma lembrança de mim
E a chamaram de saudade

Uma lembrança alegre
Mas que chamaram de saudade

Walter Medeiros

Levaram, dizendo que qualquer dia
_ faz tantos anos... _
A gente poderia se encontrar
Numa dessas partes.

Levaram a lembrança
Mas deixaram um recado anônimo,
No último poema de Gullar.

BEIJO

Aquele beijo roubado
Naquela tarde chuvosa,
Que te deixou curiosa:
Porque eu o tinha dado,
'Inda está na minha mente,
Daqui nunca ele saiu.

Tudo que você sentiu
Foi uma força diferente,
Um impulso inesperado
Naquela tarde chuvosa,
Ante mulher tão ditosa
De beijar teu rosto amado.

Por que, me diga? _ disseste;
Por que fez isso agora?
Perguntaste bem na hora
Daquele sonho celeste.
Como havia de explicar?
Só falando a verdade.

Como eu sinto saudade
Daquela tarde, a beijar!...
Beijei, pois tive vontade.
Prontamente respondi;
E dali não mais saí,
Te amei naquela tarde.

Hoje lembro o teu rosto,
Tua voz sonora e bela,
Aquela hora singela
Até vermos o sol posto,
Tuas mãos, teu respirar,
Nossa linda caminhada.

E nos sentamos na calçada,
Ficamos a conversar,
Beijos, abraços, amor,
Que coisa boa, querida!
Foi o melhor da minha vida,
Uma tarde de esplendor.

SEMENTES

Um dia as traças comeram um livro,
E o livro foi embora para sempre;
Deixando cá em mim uma semente,
Algo bem forte, duradouro e vivo.

Neste amanhecer que chega diferente
Hoje busco na memória um lenitivo
Pra rever certo passado tão ativo,
Animando vez por outra minha mente.

Nem a internet me traz em um arquivo
Sobre amor e amizade, um incentivo,
Nesta tela tão bela em minha frente;

Pois queria encontrar aqui, latente,
Aquele texto esvaído de repente
E nunca mais o li, mas bem cativo.

Sem backup

Uns *bytes* da minha vida
Eu já não controlo mais;
Estão perdidos no tempo,
Desde que o velho HD
Pifou de vez, para sempre.

Aí perdi um poema
De importância imensa,
Perdi muito do que tinha,
Até alguns endereços
Que jamais vou resgatar.

Olho para o velho HD,
Um Wincherter, na verdade,
Que tinha a velocidade
De um moinho de vento,
E não sei o que fazer.

Oh! Cruel realidade,
O que me foste fazer!
Deixando-me desolado,
Pois sem ti fico isolado
De um certo não sei quê.

CÉUS

Trago cá comigo um peito aprendiz,
Pouco desejo neste mundo bonito:
Um amor descoberto no infinito,
E muitos momentos para ser feliz.

Guardo sozinho lembranças pequenas
De lindas passagens que não se esquece:
Pedaços de vida, cada um merece,
Surpresas vividas, pacientes cenas.

Guardo a beleza que a memória tece,
Harmônicos jardins, flores, verbenas,
Nas retinas do coração, tão pequenas;

Guardo comigo histórias serenas,
Canções delirantes, uma bela prece,
E os belos Céus que o peito não esquece.

FERROVIÁRIA

Toda estação de trem
É fascinante:
Parece um poema,
Parece um romance,
Uma lembrança,
Uma saudade,
Uma vida _ a liberdade.

LUGARES

Alguns lugares do mundo me bastam:
Aquele lago, aquela rua, aquela serra,
Passar naquela montanha tão verde,
Rever aqueles campos de lavanda,
Cruzar o amarelo de tantos girassóis,
Tocar o frio de tantos monumentos,
Encontrando em todos eles o sorriso
Ou a lembrança de tantos amigos.

Cada lugar tem seu encanto,
Belezas únicas e coincidências,
Uma harmonia dadivosa da mãe,
Mãe natureza de tantas emoções;
Deles se guarda a vida tão viva,
De calor, de frio, suor, ardor,
Água no rosto, perfumes e cores,
E aquela vontade de parar o tempo.

Em todo lugar quero ver a paz,
A paz das pessoas únicas que passam,
Que chegam, que vão, que correm,
Que olham ou não olham o outro,
Que tocam, que cantam, que pedem,
Que buscam as certezas e conforto,
Que sempre dão sentido ao hoje,
Pois o amanhã, o amanhã, amanhã...

STRASSENBAHN

A bela mulher de cabelos diferentes,
Sorriso de Gioconda, sentada à frente,
Trazia um passado remoto para o Strassenbahn.

Parece que ela saiu de um filme;
Casablanca, quem sabe *Adeus às Ilusões*,
Candelabro Italiano, *A noviça rebelde*...

Sua roupa também lembrava aquelas cenas
Que deslumbraram as multidões românticas,
E o seu salto seguia levando aquele seu andar.

Discreta e elegante, ela saiu na passarela,
Atravessando as ruas históricas de Stuttgart,
Deixando uma imagem impressionante.

Assim segue a vida desta cidade alemã,
Pelos trilhos de tantas vidas e tantas horas,
Tantas noites frias e tantas belas auroras.

LISBOA

As margens do Tejo
Respingam no peito
À brisa do jardim,
Enquanto o sol se vai.

A lua da minha noite
Leva-me para as ladeiras
De tanto amor e saudade,
Para ouvir o som do Fado.

No ar, as guitarras singram
Os corações emocionados,
Qual caravelas pelo alto mar
De tantos sonhos passados.

Lágrimas derramadas
Passam pelo rosto,
Emocionado pela voz
Da história de Lisboa.

Madrugada em Bagdá

Naquelas ruas passaram
Homens, deuses, peregrinos,
Os mais diversos destinos,
Até os que lhe maltrataram.

Naquelas ruas viveram
Sonhos da humanidade;
Lutas pela liberdade,
Que agora inverteram.

Naquelas ruas caíram
As bombas imperiais;
Descabidas, ilegais,
Que ao mundo não ouviram.

Naquelas ruas tombaram
As crianças indefesas;
O povo, a fácil presa,
Para os que usurparam.

Naquelas ruas ficaram
Sonhos do meu coração;
Com pranto e emoção,
Que nem as bombas mataram.

MINHAS GAIVOTAS

Eu tenho uma gaivota
Que vive em Portimão,
Tenho outra em Nazaré,
Tenho mais uma no Porto,
Outra que vive em Lisboa.

Gaivotas da minha vida,
Que deixo livres no mundo
E as encontro em meus sonhos,
Quando durmo ou vou por lá.
Tem uma que vive em Sagres.

Tantas gaivotas eu tenho,
Todas belas, a cantar.
Que voem, minhas gaivotas,
Vivam felizes ao mar,
Neste seu céu milenar.

Enquanto não volto lá
Fico a vê-las em retratos,
Com olhar tão absorto,
Que qualquer dia, num porto,
Vamos nos reencontrar.

Saltos imensos

Pela rota que não existia
Percorri o tempo vazio de uma linha,
Levei a maior das fantasias
Ao encontro de coisas que não tinha.

Mas a mim bastava aquele oceano,
Aquele porto de barcos variados,
Aquelas casas com jeito de passado
E aqueles santos em meio tão profano.

Assim dei saltos imensos pelo mundo
Ao som de melodias enlouquecidas
Que valiam tanto para tantas vidas,
Mas parece que fiz tudo em um segundo.

ROSA BRANCA

Vou procurar uma rosa:
Quero uma rosa branca,
A mais bela que houver,
Para marcar esse dia
Com a minha fantasia;
Não é um dia qualquer.

Quero olhar essa rosa
E sentir o seu perfume,
Carregado de saudade;
De quem um dia partiu
E nunca mais me sorriu,
Com um sorriso de verdade.

Vou fazer com essa rosa
Uma bela homenagem,
Singela e merecida;
A quem tanto fez por mim,
Pois a vida é assim:
De chegada e de partida.

A rosa tem de ser branca,
Com toda aquela pureza,
Que rosa branca nos traz;
Para realçar bastante
A hora significante
Que o amor hoje faz.

Quero então contemplar,
Coberto de paciência,
Tudo que ela simboliza;
Quem sabe até chorar,
Pois lá a sua essência
De uma lágrima precisa.

E nessa contemplação
Terei também um sorriso,
Espontâneo e bem real;
Que mostra o sentimento
Vivido neste momento,
Que é tão especial.

Farei também uma oração,
No maior recolhimento
Que um alguém pode ter;
E num profundo segredo
Buscarei aquele unguento,
Que me faz sobreviver.

Na certa com essa rosa,
Esse dia cheio de amor
Nunca mais da mente sai;
É o que posso fazer,
Para comigo hoje ter
A presença do meu pai.

MEU CAFÉ

Ah! Minhas manhãs frias da infância,
A colher de pau da minha avó,
Que mexia naquele bule,
Adoçando o café torrado no tacho...
Ou comprado na torrefação.

De longe ouvia-se aquele som
Ritmado, forte e decidido,
E no ar passava o cheiro,
Tão inesquecível, tão marcante,
Da nossa saborosa refeição.

Ah! Aquele sorriso quase tímido,
Da sertaneja que a tantos acolhia,
Aquela voz que ainda me ressoa,
Aquele olhar de rara confiança
E o totó amarrando o cabelo.

Na calçada, mais tarde, olhava a lua,
Desconfiada de tanta novidade,
Mantinha consigo a sua verdade,
De que naquela terra de São Jorge,
Nunca qualquer homem pisou.

N'outro dia me mostrava o rádio,
Para ajeitar de novo o cordão
Que teimava em nunca alcançar
A emissora do seu coração,
E um dia me pediu pra cativar.

Ah! Minhas lembranças rotas,
Da avó tão idosa e tão forte,
Que sabia ser bem carinhosa;
Tanto que para nascer seu neto
Tinha mesmo de ser alguém de sorte.

APESARES

A gota d'água da chuva
Explodiu no chão da serra
E secou rapidamente
Ao sol, inclemente.

Era a última gota
Na seca do açude
E se desintegrou
No chão rachado e triste.

Aos olhos sedentos
Daquele nadador sertanejo,
Que sacode a poeira
Da roupa de couro de boi.

O facão desolado corta o coração,
Na ligeireza que passa
Do corte úmido do mandacaru,
Para molhar os lábios rachados.

A mão forte aperta a fé
E resiste em busca da vida,
Mesmo que sofrida, sedenta;
Mesmo que faminta.

Walter Medeiros

CAÇUÁ DO TEMPO

Vivi lá pelo sertão,
No cheiro do avelós,
Pelo espinho do cardeiro,
Vendo a boneca do milho
E a Rosinha do amor.

Nada mais belo que as pedras,
Areia, poeira seca,
O entrançado das cercas,
O colorido do mato
E os bichos fazendo som.

Na sombra do umbuzeiro
Ouvi muitos passarinhos,
Vi um luar tão branquinho
Inda menino buchudo
Levava a vida a sonhar.

Agora o sonho é saudade
Do tempo que já se foi
Dentro de um carro de boi
Trancado num caçuá
Cheio de felicidade.

Caatinga adentro encontrava
Pelas plantas do destino
A mais bela flor vermelha
E vasos com mel de abelha;
Como meu mundo cheirava!

Mas ninguém faz o que quer
Fui parar noutros lugares
E aqueles belos luares
Agora apertam meu peito
Mas fazem a minha fé.

Espetacular

No rumo oeste
Nuvens douradas
Viram prata
Pelo Céu azul.

E o fim da tarde
Mostra uma dimensão
Espetacular
No horizonte.

Desenho único
Do infinito
De um momento
Angelical.

Pela estrada
O automóvel
Quer alcançar
O que se esvai.

E o desenho
Troca de estrela,
Contente com
O contorno lunar.

Noite que cobre
Com manto puro
Relvas e rios
Pelo sertão.

Campos de amor,
Muita labuta,
Sossego, luta,
Um esplendor.

Pedaços da natureza

Embarquei um sonho
nas asas de uma borboleta amarela.

Saiu sobre o verde
das plantas perfumadas da infância.

Fiquei olhando a partida
e parece que não queria seguir.

Rodava no espaço
puro e comum das cercas arborizadas.

Mas se foi
para um destino ignoto e desapareceu.

Acreditei na sua volta
com toda esperança e expectativa.

Crente no anúncio
do fim de todas as dúvidas.

E ela nunca,
nunca voltou.

Hoje está desfeita,
transformada e rediviva em minha mente.

Talvez numa coleção,
no chão, no pó, dispersa.

Pedaços da natureza
evoluindo sempre.

Meu circo

Dentro de mim tem um circo,
Onde tocam "Cerejeira flor"
Numa orquestra bem afinada.
Bailarinas enchem o ar de cordas,
Feixes de olhos se unem ligeiro,
Corações saltam, vivem e amam,
Mãos se unem e vibram e torcem,
O tempo é algo tão diferente
No circo dentro de mim.

Explodem os calhambeques atômicos,
Sobressaltam o globo da morte,
Balança o arame equilibrista,
Voam tão livres os trapezistas
Por cima do respeitável público;
E todos comem pipoca e guaraná,
Espalha-se aquele cheiro de chiclete
Em meio aos risos, gargalhadas,
De quem olha os trejeitos dos palhaços.

Dentro de mim está o circo,
Mas não alcanço aquelas mágicas,
Não sei jogar no ar tantos chapéus,
Nem equilibrar pratos branquinhos
Ou rodopiar no picadeiro;

Apenas sou feliz quando me lembro
Que no mistério da lona tem amor
E que neste circo vive, eterna,
Grande paixão que um dia me marcou.

TEMPOS

A brisa do rio traz um forte
    Palpitar do coração
Na hora de ultrapassar o
    Portão do tempo.
A mesma cancela que usava
    Naquela era tão jovem,
O cheiro que vem do chão
    Transbordam na lembrança.

ESTÁTICA

Aquele momento, parado
Nas belezas do tempo,
Desafia os cientistas,
Porque acionou energia
E fez bater corações.

Aquele momento distante
É uma saudade, disfarçada
Numa fotografia amarela,
Que salta do velho álbum
Para ilustrar a Internet.

Aquele momento reflete
Uma paisagem, diferente
Para cada navegante;
Mas é uma imagem do amor
Disfarçado na saudade.

Aquele momento se foi,
Mas nem o tempo findou
Seus efeitos no mundo,
Pois o coração dispara
Quando vem à mente.

Aquele momento dói,
Uma dor muito forte,
Que nasce da distância,
Do tempo e do espaço
Para pegar estrelas.

Pegadas

Manhã quente, o povo ferve
Nas calçadas do Alecrim,
Onde piso umas pegadas
Deixadas há tanto tempo,
Nos dias da juventude,
Aos sonhos das madrugadas.

Na passarela da praça,
Crotes e flores resistem,
Para abrigar um pássaro
E uma borboleta amarela;
Que parecem guardados
Para me verem passar.

Não tem terrenos baldios,
Tanto estacionamento,
E a Farmácia Bendita
Também se foi com o tempo,
Que fez a Amaro Barreto
Mudar toda sua vida.

BELO MONTE

Do alto do monte, o mar,
Rastros dos navegadores,
Águas desbravadas,
Tamanhas lembranças.

Gaivotas no azul da vista,
Bela vista, pairam sobre o rio,
Pairam sobre o porto, o mar,
Caminho de vidas.

Caminhos de conquistas
Tempos de sonhos, amor,
Sonhos de futuro, liberdade,
Incerteza feliz do dia a dia.

Amores por inteiro, saudade,
Bela canção _ "Ai Mouraria",
Voam pelo tempo mundo afora,
Toda hora, toda data, todo dia.

BIOLOGIA DO CORAÇÃO

Meu coração
Tem algo de flores,
Algo de orvalho,
Algo de asfalto,
Algo de hospital.

Para ele foram
Aquela planta,
Aquele sal,
Aquela carambola,
E uma foto de jornal.

Estão lá dentro
A paisagem sumida,
Cada despedida,
Lágrimas sentidas
E muita saudade.

O CANTO

Um lugar tão único, aconchegante,
Com um belo jardim, tantas flores,
Que tem certo encanto nas cores,
E uma energia impressionante.

É dali que ela admira a lua,
E que sonha com um amanhã lindo,
Certa de que o seu príncipe está vindo,
Pela relva onde o amor flutua.

Brilham tanto seus olhos pequenos,
E sorri, sai dançando, e ela canta,
Dedicada a um belo ritual.

Não tem forma nem prazo, ao menos,
Mas a sua certeza é tanta,
Que já formam um lindo casal.

ERAS E QUIMERAS

Um olhar traçou imensa linha
Transpondo a noite, o dia, a vida,
O tempo, os reinos, castelos,
Permeado de um grande amor.

Um olhar tão fixo, tão ligeiro,
Inesquecivelmente trocado na noite,
Repetido depois a cada dia, sem medida,
Vida afora, pelo mundo inteiro.

No começo foi quase uma cabana,
E o tempo de amar era tão belo,
Que não trocamos por qualquer castelo;
Parecia uma vida inteira por semana.

Assim passamos tantas eras,
Ardorosos momentos seculares,
Que bem sabemos de tantos lugares
A essência da maior quimera.

Ardente

Um sussurro ofegante
Num momento furtivo
Ao cair da tarde
Fez tão plena a noite,
Tanto carinho, tanto prazer.

Um perfume marcante,
Um carinho sentido,
Grande felicidade,
Mil trejeitos afoitos;
Nunca vão esquecer.

O amor delirante
Numa noite vivido,
Chama forte que arde;
Para sempre tornou-se
A razão de viver.

AMOR

Aquela sensação,
No fundo do coração,
Que domina todo o corpo,
Como uma fisgada
Violentíssima
Da agulha mais afiada,
Num relance confuso
Entre toque de navalha ou pluma
_ é o amor.

Bela manhã de domingo

A manhã veio por um som
De um vento primaveril,
Que mexeu no amor perfeito,
Assanhou a rosa e o bulgari,
Sob um belo Céu cinza, nublado,
E fez bater, na janela, uma cortina.

Ela saiu despertando o mundo,
Balançou as águas que encontrou,
Propagou um forte cheiro de café,
Fez bater sinos do senhor dos ventos,
Aumentou o frio do casal de bem-te-vi,
Derrubou um coco, que rachou nas pedras.

Fez rolar a rosa do buquê da noiva,
Balançou, forte, as rosas do deserto,
Deixou mais belas as orquídeas,
Chamou atenção para as rosas vermelhas,
Afastou a sanha predadora das formigas,
Apressou o bater de um antigo coração.

Trouxe o canto dos passarinhos da infância,
As lembranças de músicas tão belas,
O desfilar de tantas borboletas amarelas,
Ao olhar dos pés de comigo ninguém pode,
Junto ao colorido dos meus belos boungainvilles,
E seguiu rondando cada flor da minha vida.

Reverenciou muitas espadas de São Jorge,
Orou diante do meu belo pé de Mirra,
Achou estranho que eu tivesse um sol,
Fez reluzir o brilho das pedras brancas,
Atravessou pelas canelas de veado,
E quis fazer perucas com as samambaias.

Rodou também diante da minha meia-lua,
Viu uns gnomos sentados nas tábuas,
Apreciou a beleza do meu carro de boi,
Da sanfona, do triângulo e da zabumba,
Do imenso e tão antigo café de salão,
E os tamboretes tão bem torneados.

Teve ainda uma surpresa, num canto,
Onde estava um belo pé de acerola,
Passou por plantinhas de pouca fama,
Mas viu adiante o meu pé de chanana,
Deve ter achado tudo muito bacana.
Depois disso, a manhã seguiu seu rumo.

Walter Medeiros

Alvoroço

Uma vela de um veleiro,
Uma folha de roseira,
Uma pena de uma ave,
Um sonho do coração;
Coisas de extrema beleza.
É assim a natureza,
Que me traz uma canção
Soprada de uma nave
Que fez um voo na feira
E pousou no meu terreiro.

Foi um pouso tão ligeiro,
Que fez levantar poeira,
Balançou os pés de agave
E derrubou um mamão,
Sem duvidar da destreza.
Não gosto de malvadeza
Nem digo coisas em vão;
Prefiro o mundo suave
Como um véu de cachoeira,
Que encanta o mundo inteiro.

Não preciso ser matreiro
Nem duro feito pedreira
Vou passando cada entrave
Vivendo cada emoção

Feito barco em correnteza.
Por tudo busco destreza
Respirando com paixão
E até de um caminhão
Faço a mais bela nave
Pra escalar a terra inteira
Cantando ao som do pandeiro.

AV W3

Num cantinho vibrante do coração
Saem fortes sinais de saudade
De um tempo que não foi em vão
Pelas ruas de uma bela cidade.

Saudade da vida pacata de outrora
Em busca das esquinas saborosas
Da Casa do Pão do Espanhol, que prosa!
E da Maloca Querida que se adora.

Lembrança dos poetas da 302 Sul,
Que ficavam "a ver Ministérios"
E sonhavam com a feira da torre,
E Sílvio Caldas era seu guru.

Recordação do fervor da rodoviária,
Do Venâncio 2000, tanta alegria
O Conjunto Nacional de cada dia
E do povo nas ruas, um estuário.

A janela do edifício Carioca,
A calçada com sabor de pizza do Roma,
O senhorio de um casarão, seu Joanas,
Quanta vida destemida se evoca.

E lá vem de cada amigo o rosto,
Que não precisa nem dizer os nomes,
Fomos felizes sem andar com telefones,
O coração guarda pra sempre o gosto.

Caju vermelho

Havia um caju vermelho:
Bem grande, bem bonito,
No cajueiro do sítio vizinho,
Que dava para a rua da fonte.

Não sei quem colheu aquele caju,
Nem o destino que deram a ele,
Mas acho que foi o caju mais bonito
Que já apareceu no mundo inteiro.

Era o caju dos meus sonhos,
Pois nosso cajueiro foi ao chão,
Partido por um raio fulminante
Do inverno de Mata Grande.

E aos meus olhos restou, frondoso,
O cajueiro do sítio de seu Panta.
Nenhum outro caju me adianta,
Pois qualquer um me deixa saudoso.

COISAS ASSIM

Depois de tanto tempo,
Tão acostumados,
Tantas horas juntos,
Chega, assim, o adeus.

Éramos tatos ali,
Vivemos tanto, no tempo,
Que o tempo passou.
Agora, assim, percebemos.

Agora temos lembranças.
Em cada canto uma distância;
E uma forte saudade
Doendo, assim, cá dentro.

Dó

Se avessassem o mundo
transformando certos versos
em realidade
o mundo seria um poema
e seria bem melhor.

Mas o que se tem é um mundo
que se transforma em versos
com os horrores do universo
de teoremas e sistemas
e isso é de dar dó.

Mesmo assim precisa fé
E respeito a Drummond
Que foi poeta do tempo presente
Embora queiramos algo diferente
Para o homem não viver só.

ENFIM

Coloquei um enfim na minha estrofe,
Mas me surgiu, furtivo, um, entretanto,
Que não podia pôr em outro canto,
Mesmo que o jantar fosse estrogonofe.

E veio uma rosa que estava em *off*,
Para acudir um festejo ou pranto,
Chegou também, para o frio, um manto,
Uma música tocada pela OFE.

Qual passarinho que o peito estofe,
E bata as asas pra que nada mofe,
Voando mais alto que a torre de Anto,

Depois do que era fim, veio um encanto,
Daqueles que envolvem tanto, tanto,
Sugerindo, assim, que filosofe.

Faz anos

Foram sumindo os cajueiros,
Da terra limpa ergueu-se o cimento.
As folhas que voam agora são outras.
Resta apenas o vento veloz das tardes.

Como mudou esta paisagem!...
Terá se formado outra mais bela?
Como é difícil aceitá-la assim...
Impossível esquecer.

Não mais estão ali os meninos
Nem se sabe onde foram parar.
Notícias apenas de alguns,
Uns espalhados, uns indiferentes.

Dos outros também pouco se sabe.
Nada do vendedor de "gelé".
A telefonista virou burocrata.
O motorista morreu faz tempo.

Dos mestres restam poucos.
Os inspetores, aposentados.
Lamento e insisto em achar
Que tantos anos atrás era melhor.

Feitos

Que vim fazer nessa terra?

Contemplar, certamente,
Essas flores vermelhas
De contornos amarelos,
A árvore sertaneja toda verde,
Balançando ao vento forte.

Admirar, sempre emocionado,
Aquelas nuvens brancas,
Que fazem belo fundo para o edifício,
Os senhores dos ventos,
Que emitem este som para o âmago.

Mais que isso, consequente,
Vim sofrer aquelas dores de amor,
Sentir a dificuldade do pão de cada dia,
Olhar as noites frias nas sarjetas,
Buscar felicidade em cada canto.

Além disso, certamente,
Vim conhecer as injustiças sociais,
Lutar clamando por melhores dias,
Abrir caminhos para fantasias,
Amar o mundo e buscar a paz.

Felicidade imensa

O coração dispara e mexe em tudo
Na bela noite, lua cheia de abril;
Palpitar imenso, que nunca se viu,
A vontade é de gritar, mas fica mudo.

Melhor guardar a ânsia e o que sentiu,
Mesmo que não precise ficar sisudo;
Nem saltar qual um passista de entrudo,
Guardou a felicidade que surgiu.

A vida ensina a cada um ser taludo,
Para tal viver é o melhor estudo,
Já que às vezes é preciso ser sutil;

Pois se a todo o mundo interessa mil
Saber que aquela flor tão bela se abriu,
Que viva um dia mais feliz que tudo.

Frieza

Passarinho pequenino
Debaixo de chuva
Procura comida,
Sacia a fome,
Pega uma palha
Na grama molhada
E, morto de frio,
Vai fazer seu ninho.

A frieza é grande,
No começo do inverno,
Mas ele canta e canta,
No verde do vale
E se junta a outros
Sacudindo a água
Do seu agasalho
De penas tão belas.

Que felicidade!
Nesta curta cena
De aves pequenas
No ar da cidade,
Coisa tão singela:
Começar o dia
Com tal romaria
Na minha janela.

HITS

Bela festa de sessenta anos,
Revelação de jovens que dançam
E cantam eternas canções,
Melodias aquecendo os corações.

Uma saudade embala o salão,
Energia e força mexem e animam,
Numa onda imensa de emoções,
No encontro de amigos e paixões.

Parece que voltam ao passado
Ou trazem aquele tempo ao presente.
Quanto amor cada um agora sente,
Vendo a vida que não foi em vão.

É como se o mundo transformasse
Países, eras, gostos e amizades,
Para mostrar uma forte realidade
Que o homem tem na própria mão.

ILUMINADOS

Uma luz deslumbrante guia o amanhecer
Realçando o brilho da frieza da relva
Esquentando todas as pétalas coloridas,
Propagando as rosas, bulgaris, jasmins.

Novo dia, nova página do imenso jardim,
Trazido de perto e de longe, nas asas do tempo,
Da chanana do terreno baldio à Ilha das Rosas,
Do coração da mulher amada ao olhar mais romântico.

Ilumina a imagem, mãos postas, de amor e paz;
O sol da vida, lembrança das Pedras Del Rei;
Coqueiros que lembram as mais belas canções;
E o fascínio da namoradeira e do caramanchão.

ÍMÃS DA GELADEIRA

Repentinamente lanço um olhar aos ímãs
Que enchem, de belas imagens, a geladeira:
O portão de Brandemburgo, Vila Viçosa,
Fátima, Luxemburgo, Paris, Marrocos,
São Paulo, Veneza, Canela, Lisboa.
Quantos lugares, que vi ou me trouxeram.

Nem orgulho nem vaidade povoam esse mundo,
Palco de tantos feitos, tantos desejos, emoções,
Esses ímãs são uma mostra de belezas da terra.
Mas trazem consigo também uns gritos da humanidade.
Pode-se neles enxergar fortes apelos humanos,
Pelo amor, pela vida, por harmonia e pela paz.

Trazem lembranças de tantas cenas românticas e belas,
Ou memórias de corpos doloridos pelos bombardeios,
Das cenas empoeiradas de tropas beligerantes,
E dos protestos que lhes permeiam, por um mundo melhor.
Belos ímãs, que mostra trazem desse nosso mundo!
Quem vos olha, certamente, não se sente só.

JOSÉ E MARIA

José saiu dos grotões do Seridó,
E logo encontrou Maria, na lagoa,
Sonharam em viver uma vida boa,
Para nunca no mundo terminar só.

Casaram-se tão jovens, gostavam de loas,
E foram pra longe, com sol e toró,
Venceram pragas até com mororó,
Pelo alto sertão do belo Alagoas.

Usava um jumento, bornal e quixó,
Em nenhum momento viveram à toa,
Amava os vizinhos, quanta gente boa!

Pois a vida entendeu de dar mais um nó,
E eles viajaram rumo ao Piató,
Depois se encantaram em lembrança boa.

Leveza

A vida detém leveza que me encanta,
Pelo tempo, no espaço onde estiver,
Nos olhos, pela mente ou na fé,
No astral, que o meu moral levanta.

Saborosos frutos do pomar, café,
Leve flor do mato, de variedade tanta,
Colheita sempre igual ao que se planta,
Ao som do relincho, do mú, do bé!

A leveza de um trem para Sapé,
Qual um pau de arara rumo a Canindé
Faz a caatinga ter beleza tanta,

Que cada estrela pelo Céu se encanta,
Manda uma luz que a todos acalanta,
Pois é um sonho, o que essa vida é.

BEM MAIOR

Plenitude da vida do homem,
Faz justiça às necessidades;
É assim que tu vens, com bondade,
Diante de ti todos os males somem.

Vendo a ti, beija-flores consomem
Tanto néctar de flor de verdade;
Satisfazem as suas vontades,
Embelezam a planta e somem.

És singela até na tempestade,
Onde afloram gestos de vontade,
Amparando e livrando da fome.

És o bem maior da humanidade,
Guardião para a felicidade;
Que Louvor! _ Liberdade é o teu nome.

Marco

Natal, para mim, começou naquela plataforma,
Onde parava o trem de Arcoverde,
Naquela estação de onde saíam os Buiques pretos,
Para encontrar o meu avô com sua cabeça branca.

Começou naqueles trilhos da Ponte de Igapó,
No ferro das correntes da Quinze e das Quintas,
Numa pitombeira de Tirol, no pé de cajá,
E na tamarineira do posto da Fontes Galvão.

No carnaval do corso, "me dá um dinheiro aí",
Na Deodoro com a Praça Pio Décimo.
Depois, o mercado pegou fogo, meus cinemas fecharam,
Adeus programas de auditório, com Waldick Soriano.

Aí as distâncias acabaram; o campus nasceu ali,
Não tem mais Piri-Piri, as cidades se encontraram,
Macaíba, Extremóz, Ceará-Mirim, Parnamirim,
Pela Nova Parnamirim nova cidade formaram.

A sina da cidade é mesmo os boom.
Passou a guerra, no Alecrim morreu Bum-Bum,
Mas Natal, és o encanto da civilização.
Poucos descobriram, mas és o centro do mundo.

Todo mundo escolheu Natal, que irradia amor.
Esta cidade deixa o mundo desconcertado,
Ela é mesmo um lugar dos mais amados.
Do mar mais anil, do céu mais azul, que litoral!

Natal, para mim, começou naquela plataforma,
Onde parava o trem de Arcoverde,
E o tempo me levou a todos os seus cantos,
E minha vida então tornou-se um encanto.

MÚSICA

A agulha de metal singra o acetato,
Que roda 78 vezes por minuto,
Levado pela energia modificada
Na placa de raios tão catódicos.

Os fios condutores dão vida
A desenhos geométricos de aros,
Sequências tão exatas de ângulos,
E paralelas que se comunicam.

Naquele universo de tantos volts,
Os ohms, faradys e picofaradys
Jogam incontáveis watts
Na bobina que roça o azougue.

A goma-laca do século dezenove
Guarda, para sempre, a música,
Que encanta a humanidade
Há tantos milênios. Belos sons!

NOSTALGIA

Um pingo de nostalgia,
Derramado pelo peito,
No papel onde escrevo;
Entristece esse meu dia,
Pois não sei como dar jeito,
Nem mesmo sei se o devo.

Talvez precise sentir
Essas fortes emoções,
Que vêm duma lembrança;
De coisas que já vivi,
E até de belas canções,
Dos bons tempos de criança.

Parece sempre tão bom,
Lembrar do que se viveu,
Em belos dias da vida;
Pois há sempre um novo tom,
Do que não se esqueceu,
Nostalgia adormecida.

Portaria da Felicidade

Se lei não posso fazer,
Pois parlamentar não sou,
No mundo do meu querer
Posso às vezes me atrever
A escrever, com amor,
Sobre a forma de viver.

Para espantar solidão,
No mundo aonde mando,
Edito uma portaria
Que pode ter um tom brando,
Mostrando como seria
Tomar melhor direção.

Essa portaria explica:
Precisa disposição,
Como também decisão,
Para ser de bem com a vida.
Por mais que a vida machuque
É natural que se siga.

Diz, assim, o novo edito,
Para ser ligado ao mundo,
Conectado ao que gosta,
Vivendo, apesar de tudo.

Por mais que difícil seja,
Nossa vida tem sentido.

Em seus artigos finais,
Diz a minha norma interna,
Pra ser feliz em cada dia,
Lutar contra as tristezas,
Cultivar a alegria
Sem esmorecer jamais.

Reencontro

Quantos rostos não vieram
Comemorar esta data...
Onde estão aqueles rostos,
Cuja lembrança arrebata?

Que destino eles seguiram
Pela estrada da vida...
Onde estão aqueles rostos
Daquela era tão querida?

Algo nosso assim sumiu
Junto com aqueles rostos
Algo que a nós uniu
Na vida de tantos gostos.

Vamos buscar a nós mesmos
Onde quer que estejamos
Pois vêm do peito reclamos
nalgumas súplicas a esmo.

Pode ser na multidão
Quem sabe o seu destino?
Talvez tocando um sino
Ou fazendo uma oração.

Ao menos eu pensamento
Precisamos resgatar
O brilho de cada olhar
Mesmo que por um momento.

Vamos fazer isto agora
Num silencioso instante
Que uma luz bem brilhante
Ilumine-me esta hora.

Reminiscências

Era tão bom a era do rádio!
Era de querer entrar nas músicas,
Encontrar o benzinho, olhos negros,
Viver um romance e sentir a saudade,
Ver ébrios querendo namorar a lua,
Belas moças em busca de príncipes,
E o bater do coração com a balada triste.

Era de sentir tão belo chão de estrelas,
De suspirar com a batida do samba-canção,
Dos apitos das fábricas de tecidos,
De mandar o relógio deter as horas,
De sonhar com uma linda normalista,
De cantar quero beijar-te as mãos,
De chorar com a cabecinha no ombro.

Era bom sentir os suspiros ofegantes,
Descobrir as belezas do verão,
Amar, como ninguém amou,
Pedir "Leva eu, minha saudade..."
Ter a viola, que retirava da parede,
Embalar-se ao som de é tão calma a noite
Mas terminar dando adeus às ilusões.

Revolto

Nada pelo mar revolto,
Que mar sem onda é triste;
Monotonia de não aguentar.
Revolto e chuvoso, raivoso;
É assim que gosto de olhar,
Naquele horizonte, o mar.

Nada no frio sombrio da manhã,
E se deita na areia salgada de maçã;
Nem adianta olhar a calçada vã;
O belo está na paisagem sã.
Assim, o nado sempre purifica
O teu peito, que entregas, cortesã.

Nada, neste teu canto, no universo;
Faz contigo teu sofrer todo imerso,
Mas esquece do mundo o perverso.
Se permites, é só isto que te peço.
De repente, sentirás a alvorada;
E serás bem feliz, feliz... nada...

Senoidais

Pelo canto nublado da janela
Vem uma lembrança, em ondas,
Do tempo em que Hertz singrava,
Supremo, com suas senoides _ oceanos,
Pelos Céus de continentes e ilhas,
E recorda que saudade não tem idade.

Lembrança daquela voz do locutor,
Que lia uma carta romântica da ouvinte,
Sobre "A música da minha vida",
E dizia por que aquela bela canção
Marcara forte, para sempre, seu coração:
"Balada número sete" _ Cadê, cadê você!".

Nostalgia na carta que viajou o mundo
Para chegar à rádio de ondas tropicais,
Mostrando que o som potiguar chegou,
E emocionou o faroleiro de lugar distante,
Com o Trio Irakitan cantando, tão bela,
Aquela canção que chamam de "Santa".

SEGURA O FOLE!

Segura o fole, compadre!
Segura o fole, comadre!
A noite é luta. Que luta!
É um imenso combate.

Segura o fole, que vamos
Atravessar grande noite,
Com o frio de açoite,
Entre escravos e amos.

Esse fole é sem igual,
Macio feito araruta,
O mundo todo escuta,
Na presença ou virtual.

Fole velho, destemido,
Por tanto lugar andou,
Viu alegria, viu dor,
Guarda sorriso e gemido.

E não tem outro, compadre,
E não tem outro, comadre,
Só esse fole desenha
A nossa felicidade.

Walter Medeiros

Democracia

O coração disparado
Temeu, sofreu, sentiu,
Diante do sobressalto
De tantos dias incertos.
Tantos sonhos e afetos;
Na roça e no asfalto,
Nobre missão se cumpriu
Naquele belo passado.
Naquele belo passado
Nobre missão se cumpriu
Na roça e no asfalto,
Tantos sonhos e afetos;
De tantos dias incertos.
Diante do sobressalto
Temeu, sofreu, sentiu,
O coração disparado

TIPOGRÁFICO

Na tipografia _ oficina do tempo,
Brincando com as letras, corria,
Dançava um balé, organizando,
Uma a uma, as letras nas caixetas,
Montando um misterioso circuito,
Algo energético que define o amor.
No meio das artes gráficas, a fazer
Romances, poemas, contos, que,
Numa mágica costura, viram livros,
E embalam todos os sonhos do mundo.

Partir agora

(Despedida de aposentado)

O relógio passa, inexoravelmente, os segundos e minutos,
Fazendo as últimas horas dos últimos dias de trabalho.

Ali, significa um lugar para onde fomos um dia,
Cheios de sonhos, esperanças, expectativas e vontades.

Ali chegamos e fizemos o que o dia a dia permitia,
Principalmente amizades sinceras e duradouras.

Vivemos, aos poucos, belos momentos importantes,
Entre eles alguns que trouxeram inesquecíveis emoções.

Encontramos algo até então desconhecido e fascinante,
Que transformou nossas vidas em melhor que antes.

Tentamos coisas que até nem conseguimos,
Mas faz parte da vida essa prática humana do tentar.

Conseguimos coisas que jamais havíamos imaginado,
Pois a vida tem também dessas surpresas boas para nós.

Tentamos apor marcas que fizessem a transformação,
E acreditamos que algumas delas algum dia serão notadas.

Conseguimos enxergar o amor em tantos olhos,
Tantas vidas que chegam e saem em busca de dias melhores.

Encontramos amizades que estavam tão bem guardadas,
E depois de tantos anos surgem para existirem para sempre.

Ali sentimos fragilidades humanas que se dissipam,
Porque a vida só precisa preservar o que vale a pena.

Convivemos com olhares tão belos e profundos,
Que já guardamos para sempre uma imensa admiração.

Também encontramos verdades amáveis e carinhosas,
Que a nós fizeram e continuarão fazendo tanto bem.

Convivemos com mãos sonhadoras e de luta,
Que semeiam pelo corpo humano o fio da perfeição.

Vimos circular incontáveis e saudáveis lenitivos,
Que todo dia curam e aliviam tantas dores.

Vimos tanta gente se encontrando em sorrisos,
Festejando o encontro feliz dos cidadãos.

Assim ressoa um poder de profissionalismo,
Que se enraizou no povo e se desenvolve.

Um dia, então, encontramos o que não procurávamos:
Um momento assim, cheio de saudade. ADEUS!

FEIXE SENTIMENTAL

Um feixe de poesia envolveu meu caminho
Na manhã de um tão sereno sábado,
Juntando alguma nostalgia da esquina
Com coisas belas guardadas por um louco
Na sua hora de mais completa lucidez,
Qual estranho manto de Arthur Bispo.

Um graveto veio do Céu bem nublado
Outro, do rosa choque do pé de jambo,
Alguns das calçadas _ passarelas dos cachorros _
Do jardim de um supermercado,
Das árvores novas e antigas,
E dos manguitos pendurados nas alturas.

Veio o cheiro das folhas verdes quebradas,
Perfume nativo em todo o calçadão;
Do som que lembra alguma música
De um passado que vem, cortesão,
Recordar certo samba-canção,
Como algo que vem do infinito.

Insiste a nostalgia pelo carrinho de brinquedo,
Aquele Gordini azul e a caminhonete ATMA,
Que andavam nos rastros dos automóveis
Ou nas janelas da casa da minha avó;

Mas não tive tanto amor como aquele louco
Que guardou o passado, ainda que quebrado.

Assim, devia ter guardado umas latas de leite,
Uns saquinhos de Kanapu ou Dadá,
Uns papéis dos saborosos BigMilks,
As flâmulas do quartel e do ABC,
Mas foi apenas uma forte nostalgia,
Que ainda hoje vem ajudar a viver.

—

Versinhos quase estressados

A poesia toca um sino ao vento,
Mas, do outro muro, um som cortante.
Cortavam grama ou capim elefante,
Cachorro late mais longe, ao relento.

Pra respirar, chega uma bisa leve,
Balançando alto tão belas rosas,
De comer talvez sejam gostosas,
Mas já parece que ninguém se atreve.

Aí vem beija-flor, vem bem-te-vi,
Dá pra pensar nas tardes do sertão
Onde só a clara lembra a neve.

Não é floresta, mas chega o sagui,
Que fica atento na contemplação
E logo vai, pois aqui tudo é breve.

Vontade

Seu nome ficou
No passado,
De noites indormidas,
E lutas e glórias.

Agora, resta um ébrio,
Na praça do Teatro,
Olhando os rostos
Que outrora o chamavam.

Traços do tempo
Nas mãos trêmulas,
Pelos tragos da noite
_ aquele que ouvia Capinam

Rende-se ao romantismo
De Waldrick Soriano,
No palco, reverenciado,
Com seu copo na mão.

Poesia e poemas

Nasci para amar as flores do caminho,
Tomar "leite quente ao pé da vaca",
Recordo sempre algo bem cedinho,
Tudo que a natureza me destaca.

Na minha vida sempre vi poesia,
Desde livros coloridos da infância;
Está comigo qualquer hora e dia,
Fazer poema é escrever a ânsia.

Minha poesia não tem linha ou tema,
Quando me inspiro vem de todo canto;
Qualquer momento vira um poema,
Às vezes, nesta vida, tudo é encanto.

Poesia é sempre forte sentimento,
Mundo, cidade, países, ilusões;
Amor, paixão, saudade e lamento,
Tudo que move nossos corações.

Poema é o que se faz pra resguardar
A poesia que nos fez chorar ou rir;
Como aquele suspiro à beira-mar
Ou o eterno drama de partir.

ONDE TERMINA O UNIVERSO

A minha imaginação é infinita
Como infinito é o Universo,
Mas penso no último ponto,
E no que vem depois dele.

O que existe está contido,
Mas o que contém está fora,
E tudo certamente tem um fim,
Só que o fim não é pra qualquer um.

Para refletir sobre o fim
Basta começar a contar: um, dois...
Pois quando terminar de contar
É porque o fim terá chegado.

Mas quem será que consegue
Contar tanto, num mundo tão vasto,
Num universo tão grande
Num espaço inda tão desconhecido!

Ah! Os computadores podem ajudar...
As fórmulas podem trazer o fim
Mas quando teremos, enfim,
Tal feito para mostrar...!